MAMA BEAR Kusi's Blank

RECIPE BOOK

A JOURNAL WITH TEMPLATES
TO WRITE AND ORGANIZE ALL
YOUR FAVORITE RECIPES

ASHLEY KUSI

Mama Bear Kusi's Blank Recipe Book: A Journal with Templates to Write and Organize All Your Favorite Recipes.

Created by Ashley and Marcus Kusi.

Copyright © 2018 by Ashley and Marcus Kusi.

All Rights Reserved. No part of this book or any of its contents may be reproduced, copied, modified, distributed, stored, transmitted in any form or by any means, or adapted without the prior written consent of the authors and publisher.

ISBN-13: 978-0-9987291-5-2

ISBN-10: 0-9987291-5-9

THIS RECIPE BOOK BELONGS TO:

_____

GETTING STARTED

Thank you so much for choosing to use my blank recipe book! This book was created with the intention of making your recipe recording easy and efficient.

First, you will find the Recipe Finder pages to record the recipes you write on each page for easy reference and better organization. Second, this recipe book is filled with blank recipe templates for you to copy or create your own sweet and savory dishes!

In the back pages, I have included:

- » Special Event Meal Plan pages to stay organized for your next dinner party, or holiday social. For a weekly meal planner, check out my other book: *Mama Bear Kusi's Weekly Meal Planner*.

- » Conversion Chart for Baking.

- » Conversion Chart for Liquid.

- » How to Alter a Recipe page if you want to *double* a recipe, or even *cut the recipe in half*.

- » Baking Substitutions page.

Lastly, I hope this blank recipe book helps you simplify, stay organized, and sets you up for success in recording all your recipes. If it does, feel free to leave me an honest review on Amazon.

For some of my own recipes, visit *www.mamabearkusi.com*.

Thank you again,
Mama Bear Kusi AKA Ashley Kusi

RECIPE FINDER

RECIPE NAME	PAGE #	RECIPE NAME	PAGE #

RECIPE FINDER

RECIPE NAME	PAGE #	RECIPE NAME	PAGE #

RECIPE FINDER

RECIPE NAME	PAGE #	RECIPE NAME	PAGE #

RECIPE FINDER

RECIPE NAME	PAGE #	RECIPE NAME	PAGE #

RECIPE FINDER

RECIPE NAME	PAGE #	RECIPE NAME	PAGE #

RECIPE FINDER

RECIPE NAME	PAGE #	RECIPE NAME	PAGE #

RECIPE NAME: _____

SOURCE: _____ COOK TIME: _____ SERVINGS: _____

INGREDIENTS:

_____ _____ _____ _____

_____ _____ _____ _____

_____ _____ _____ _____

_____ _____ _____ _____

DIRECTIONS:

_____

_____

_____

_____

_____

_____

_____

_____

_____

NOTES:

_____

_____

_____

RECIPE NAME: _____

SOURCE: _____ COOK TIME: _____ SERVINGS: _____

INGREDIENTS:

_____ _____ _____ _____

_____ _____ _____ _____

_____ _____ _____ _____

_____ _____ _____ _____

DIRECTIONS:

_____

_____

_____

_____

_____

_____

_____

_____

_____

NOTES:

_____

_____

_____

RECIPE NAME: _____

SOURCE: _____ **COOK TIME:** _____ **SERVINGS:** _____

INGREDIENTS:

_____ _____ _____ _____

_____ _____ _____ _____

_____ _____ _____ _____

_____ _____ _____ _____

DIRECTIONS:

_____

_____

_____

_____

_____

_____

_____

_____

NOTES:

_____

_____

_____

RECIPE NAME: _____

SOURCE: _____   COOK TIME: _____   SERVINGS: _____

INGREDIENTS:

_____   _____   _____   _____

_____   _____   _____   _____

_____   _____   _____   _____

_____   _____   _____   _____

DIRECTIONS:

_____

_____

_____

_____

_____

_____

_____

_____

NOTES:

_____

_____

_____

RECIPE NAME: _____

SOURCE: _____ COOK TIME: _____ SERVINGS: _____

INGREDIENTS:

_____ _____ _____ _____

_____ _____ _____ _____

_____ _____ _____ _____

_____ _____ _____ _____

DIRECTIONS:

_____

_____

_____

_____

_____

_____

_____

_____

NOTES:

_____

_____

_____

RECIPE NAME: _____

SOURCE: _____ COOK TIME: _____ SERVINGS: _____

INGREDIENTS:

_____ _____ _____ _____

_____ _____ _____ _____

_____ _____ _____ _____

_____ _____ _____ _____

DIRECTIONS:

_____

_____

_____

_____

_____

_____

_____

_____

NOTES:

_____

_____

_____

RECIPE NAME: _____

SOURCE: _____ COOK TIME: _____ SERVINGS: _____

INGREDIENTS:

_____ _____ _____ _____

_____ _____ _____ _____

_____ _____ _____ _____

_____ _____ _____ _____

DIRECTIONS:

_____

_____

_____

_____

_____

_____

_____

_____

NOTES:

_____

_____

_____

RECIPE NAME: _____

SOURCE: _____ COOK TIME: _____ SERVINGS: _____

INGREDIENTS:

_____ _____ _____ _____

_____ _____ _____ _____

_____ _____ _____ _____

_____ _____ _____ _____

DIRECTIONS:

_____

_____

_____

_____

_____

_____

_____

_____

NOTES:

_____

_____

_____

RECIPE NAME: _____

SOURCE: _____ COOK TIME: _____ SERVINGS: _____

INGREDIENTS:

_____ _____ _____ _____

_____ _____ _____ _____

_____ _____ _____ _____

_____ _____ _____ _____

DIRECTIONS:

_____

_____

_____

_____

_____

_____

_____

_____

_____

NOTES:

_____

_____

_____

RECIPE NAME: _____

SOURCE: _____ COOK TIME: _____ SERVINGS: _____

INGREDIENTS:

_____ _____ _____ _____

_____ _____ _____ _____

_____ _____ _____ _____

_____ _____ _____ _____

DIRECTIONS:

_____

_____

_____

_____

_____

_____

_____

_____

NOTES:

_____

_____

_____

RECIPE NAME: _____

SOURCE: _____ COOK TIME: _____ SERVINGS: _____

INGREDIENTS:

_____ _____ _____ _____

_____ _____ _____ _____

_____ _____ _____ _____

_____ _____ _____ _____

DIRECTIONS:

_____

_____

_____

_____

_____

_____

_____

_____

_____

NOTES:

_____

_____

_____

RECIPE NAME: _____

SOURCE: _____ **COOK TIME:** _____ **SERVINGS:** _____

INGREDIENTS:

_____ _____ _____ _____

_____ _____ _____ _____

_____ _____ _____ _____

_____ _____ _____ _____

DIRECTIONS:

_____

_____

_____

_____

_____

_____

_____

_____

NOTES:

_____

_____

_____

RECIPE NAME: _____

SOURCE: _____ COOK TIME: _____ SERVINGS: _____

INGREDIENTS:

_____ _____ _____ _____

_____ _____ _____ _____

_____ _____ _____ _____

_____ _____ _____ _____

DIRECTIONS:

_____

_____

_____

_____

_____

_____

_____

_____

NOTES:

_____

_____

_____

RECIPE NAME: _____

SOURCE: _____ COOK TIME: _____ SERVINGS: _____

INGREDIENTS:

_____ _____ _____ _____

_____ _____ _____ _____

_____ _____ _____ _____

_____ _____ _____ _____

DIRECTIONS:

_____

_____

_____

_____

_____

_____

_____

_____

NOTES:

_____

_____

_____

RECIPE NAME: _____

SOURCE: _____   COOK TIME: _____   SERVINGS: _____

INGREDIENTS:

_____   _____   _____   _____

_____   _____   _____   _____

_____   _____   _____   _____

_____   _____   _____   _____

DIRECTIONS:

_____

_____

_____

_____

_____

_____

_____

_____

NOTES:

_____

_____

_____

RECIPE NAME: _____

SOURCE: _____   COOK TIME: _____   SERVINGS: _____

INGREDIENTS:

_____   _____   _____   _____

_____   _____   _____   _____

_____   _____   _____   _____

_____   _____   _____   _____

DIRECTIONS:

_____

_____

_____

_____

_____

_____

_____

_____

NOTES:

_____

_____

_____

RECIPE NAME: _____

SOURCE: _____ COOK TIME: _____ SERVINGS: _____

INGREDIENTS:

_____ _____ _____ _____

_____ _____ _____ _____

_____ _____ _____ _____

_____ _____ _____ _____

DIRECTIONS:

_____

_____

_____

_____

_____

_____

_____

_____

NOTES:

_____

_____

_____

RECIPE NAME: _____

SOURCE: _____ COOK TIME: _____ SERVINGS: _____

INGREDIENTS:

_____ _____ _____ _____

_____ _____ _____ _____

_____ _____ _____ _____

_____ _____ _____ _____

DIRECTIONS:

_____

_____

_____

_____

_____

_____

_____

_____

NOTES:

_____

_____

_____

RECIPE NAME: _____

SOURCE: _____ COOK TIME: _____ SERVINGS: _____

INGREDIENTS:

_____ _____ _____ _____

_____ _____ _____ _____

_____ _____ _____ _____

_____ _____ _____ _____

DIRECTIONS:

_____

_____

_____

_____

_____

_____

_____

_____

_____

NOTES:

_____

_____

_____

RECIPE NAME: _____

SOURCE: _____ COOK TIME: _____ SERVINGS: _____

INGREDIENTS:

_____   _____   _____   _____

_____   _____   _____   _____

_____   _____   _____   _____

_____   _____   _____   _____

DIRECTIONS:

_____

_____

_____

_____

_____

_____

_____

_____

_____

NOTES:

_____

_____

_____

RECIPE NAME: _____

SOURCE: _____ COOK TIME: _____ SERVINGS: _____

INGREDIENTS:

_____ _____ _____ _____

_____ _____ _____ _____

_____ _____ _____ _____

_____ _____ _____ _____

DIRECTIONS:

_____

_____

_____

_____

_____

_____

_____

_____

_____

NOTES:

_____

_____

_____

RECIPE NAME: _____

SOURCE: _____ COOK TIME: _____ SERVINGS: _____

INGREDIENTS:

_____   _____   _____   _____

_____   _____   _____   _____

_____   _____   _____   _____

_____   _____   _____   _____

DIRECTIONS:

_____

_____

_____

_____

_____

_____

_____

_____

NOTES:

_____

_____

_____

RECIPE NAME: _____

SOURCE: _____ COOK TIME: _____ SERVINGS: _____

INGREDIENTS:

_____   _____   _____   _____

_____   _____   _____   _____

_____   _____   _____   _____

_____   _____   _____   _____

DIRECTIONS:

_____

_____

_____

_____

_____

_____

_____

_____

_____

NOTES:

_____

_____

_____

RECIPE NAME: _____

SOURCE: _____ COOK TIME: _____ SERVINGS: _____

INGREDIENTS:

_____ _____ _____ _____

_____ _____ _____ _____

_____ _____ _____ _____

_____ _____ _____ _____

DIRECTIONS:

_____

_____

_____

_____

_____

_____

_____

_____

_____

NOTES:

_____

_____

_____

RECIPE NAME: _____

SOURCE: _____ COOK TIME: _____ SERVINGS: _____

INGREDIENTS:

_____   _____   _____   _____

_____   _____   _____   _____

_____   _____   _____   _____

_____   _____   _____   _____

DIRECTIONS:

_____

_____

_____

_____

_____

_____

_____

_____

_____

_____

NOTES:

_____

_____

_____

RECIPE NAME: _____

SOURCE: _____ **COOK TIME:** _____ **SERVINGS:** _____

INGREDIENTS:

_____ _____ _____ _____

_____ _____ _____ _____

_____ _____ _____ _____

_____ _____ _____ _____

DIRECTIONS:

_____

_____

_____

_____

_____

_____

_____

_____

NOTES:

_____

_____

_____

RECIPE NAME: _____

SOURCE: _____ COOK TIME: _____ SERVINGS: _____

INGREDIENTS:

_____ _____ _____ _____

_____ _____ _____ _____

_____ _____ _____ _____

_____ _____ _____ _____

DIRECTIONS:

_____

_____

_____

_____

_____

_____

_____

_____

_____

NOTES:

_____

_____

_____

RECIPE NAME: _____

SOURCE: _____ COOK TIME: _____ SERVINGS: _____

INGREDIENTS:

_____   _____   _____   _____

_____   _____   _____   _____

_____   _____   _____   _____

_____   _____   _____   _____

DIRECTIONS:

_____

_____

_____

_____

_____

_____

_____

_____

NOTES:

_____

_____

_____

RECIPE NAME: _____

SOURCE: _____ COOK TIME: _____ SERVINGS: _____

INGREDIENTS:

_____ _____ _____ _____

_____ _____ _____ _____

_____ _____ _____ _____

_____ _____ _____ _____

DIRECTIONS:

_____

_____

_____

_____

_____

_____

_____

_____

_____

_____

NOTES:

_____

_____

_____

RECIPE NAME: _____

SOURCE: _____   COOK TIME: _____   SERVINGS: _____

INGREDIENTS:

_____   _____   _____   _____

_____   _____   _____   _____

_____   _____   _____   _____

_____   _____   _____   _____

DIRECTIONS:

_____

_____

_____

_____

_____

_____

_____

_____

_____

NOTES:

_____

_____

_____

RECIPE NAME: _____

SOURCE: _____ COOK TIME: _____ SERVINGS: _____

INGREDIENTS:

_____ _____ _____ _____

_____ _____ _____ _____

_____ _____ _____ _____

_____ _____ _____ _____

DIRECTIONS:

_____

_____

_____

_____

_____

_____

_____

_____

_____

NOTES:

_____

_____

_____

RECIPE NAME: _____

SOURCE: _____ **COOK TIME:** _____ **SERVINGS:** _____

INGREDIENTS:

_____ _____ _____ _____

_____ _____ _____ _____

_____ _____ _____ _____

_____ _____ _____ _____

DIRECTIONS:

_____

_____

_____

_____

_____

_____

_____

_____

_____

NOTES:

_____

_____

_____

RECIPE NAME: _____

SOURCE: _____ COOK TIME: _____ SERVINGS: _____

INGREDIENTS:

_____ _____ _____ _____

_____ _____ _____ _____

_____ _____ _____ _____

_____ _____ _____ _____

DIRECTIONS:

_____

_____

_____

_____

_____

_____

_____

_____

_____

NOTES:

_____

_____

_____

RECIPE NAME: _____

SOURCE: _____ COOK TIME: _____ SERVINGS: _____

INGREDIENTS:

_____   _____   _____   _____

_____   _____   _____   _____

_____   _____   _____   _____

_____   _____   _____   _____

DIRECTIONS:

_____

_____

_____

_____

_____

_____

_____

_____

_____

NOTES:

_____

_____

_____

RECIPE NAME: _____

SOURCE: _____   COOK TIME: _____   SERVINGS: _____

INGREDIENTS:

_____   _____   _____   _____

_____   _____   _____   _____

_____   _____   _____   _____

_____   _____   _____   _____

DIRECTIONS:

_____

_____

_____

_____

_____

_____

_____

_____

_____

NOTES:

_____

_____

_____

RECIPE NAME: _____

SOURCE: _____ **COOK TIME:** _____ **SERVINGS:** _____

INGREDIENTS:

_____ _____ _____ _____

_____ _____ _____ _____

_____ _____ _____ _____

_____ _____ _____ _____

DIRECTIONS:

_____

_____

_____

_____

_____

_____

_____

_____

_____

NOTES:

_____

_____

_____

RECIPE NAME: _____

SOURCE: _____ COOK TIME: _____ SERVINGS: _____

INGREDIENTS:

_____   _____   _____   _____

_____   _____   _____   _____

_____   _____   _____   _____

_____   _____   _____   _____

DIRECTIONS:

_____

_____

_____

_____

_____

_____

_____

_____

_____

NOTES:

_____

_____

_____

RECIPE NAME: _____

SOURCE: _____ COOK TIME: _____ SERVINGS: _____

INGREDIENTS:

_____ _____ _____ _____

_____ _____ _____ _____

_____ _____ _____ _____

_____ _____ _____ _____

DIRECTIONS:

_____

_____

_____

_____

_____

_____

_____

_____

NOTES:

_____

_____

_____

RECIPE NAME: _____

SOURCE: _____ COOK TIME: _____ SERVINGS: _____

INGREDIENTS:

_____ _____ _____ _____

_____ _____ _____ _____

_____ _____ _____ _____

_____ _____ _____ _____

DIRECTIONS:

_____

_____

_____

_____

_____

_____

_____

_____

_____

NOTES:

_____

_____

_____

RECIPE NAME: _____

SOURCE: _____ COOK TIME: _____ SERVINGS: _____

INGREDIENTS:

_____   _____   _____   _____

_____   _____   _____   _____

_____   _____   _____   _____

_____   _____   _____   _____

DIRECTIONS:

_____

_____

_____

_____

_____

_____

_____

_____

NOTES:

_____

_____

_____

RECIPE NAME: _____

SOURCE: _____ COOK TIME: _____ SERVINGS: _____

INGREDIENTS:

_____ _____ _____ _____

_____ _____ _____ _____

_____ _____ _____ _____

_____ _____ _____ _____

DIRECTIONS:

_____

_____

_____

_____

_____

_____

_____

_____

_____

_____

NOTES:

_____

_____

_____

RECIPE NAME: _____

SOURCE: _____ **COOK TIME:** _____ **SERVINGS:** _____

INGREDIENTS:

_____ _____ _____ _____

_____ _____ _____ _____

_____ _____ _____ _____

_____ _____ _____ _____

DIRECTIONS:

_____

_____

_____

_____

_____

_____

_____

_____

NOTES:

_____

_____

_____

RECIPE NAME: _____

SOURCE: _____ COOK TIME: _____ SERVINGS: _____

INGREDIENTS:

_____ _____ _____ _____

_____ _____ _____ _____

_____ _____ _____ _____

_____ _____ _____ _____

DIRECTIONS:

_____

_____

_____

_____

_____

_____

_____

_____

_____

NOTES:

_____

_____

_____

RECIPE NAME: _____

SOURCE: _____ COOK TIME: _____ SERVINGS: _____

INGREDIENTS:

_____ _____ _____ _____

_____ _____ _____ _____

_____ _____ _____ _____

_____ _____ _____ _____

DIRECTIONS:

_____

_____

_____

_____

_____

_____

_____

_____

NOTES:

_____

_____

_____

RECIPE NAME: _____

SOURCE: _____ COOK TIME: _____ SERVINGS: _____

INGREDIENTS:

_____ _____ _____ _____

_____ _____ _____ _____

_____ _____ _____ _____

_____ _____ _____ _____

DIRECTIONS:

_____

_____

_____

_____

_____

_____

_____

_____

NOTES:

_____

_____

_____

RECIPE NAME: _____

SOURCE: _____ COOK TIME: _____ SERVINGS: _____

INGREDIENTS:

_____ _____ _____ _____

_____ _____ _____ _____

_____ _____ _____ _____

_____ _____ _____ _____

DIRECTIONS:

_____

_____

_____

_____

_____

_____

_____

_____

_____

NOTES:

_____

_____

_____

RECIPE NAME: _____

SOURCE: _____   COOK TIME: _____   SERVINGS: _____

INGREDIENTS:

_____   _____   _____   _____

_____   _____   _____   _____

_____   _____   _____   _____

_____   _____   _____   _____

DIRECTIONS:

_____

_____

_____

_____

_____

_____

_____

_____

_____

NOTES:

_____

_____

_____

RECIPE NAME: _____

SOURCE: _____ **COOK TIME:** _____ **SERVINGS:** _____

INGREDIENTS:

_____ _____ _____ _____

_____ _____ _____ _____

_____ _____ _____ _____

_____ _____ _____ _____

DIRECTIONS:

_____

_____

_____

_____

_____

_____

_____

_____

NOTES:

_____

_____

_____

RECIPE NAME: _____

SOURCE: _____ COOK TIME: _____ SERVINGS: _____

INGREDIENTS:

_____ _____ _____ _____

_____ _____ _____ _____

_____ _____ _____ _____

_____ _____ _____ _____

DIRECTIONS:

_____

_____

_____

_____

_____

_____

_____

_____

_____

NOTES:

_____

_____

_____

RECIPE NAME: _____

SOURCE: _____ COOK TIME: _____ SERVINGS: _____

INGREDIENTS:

_____ _____ _____ _____

_____ _____ _____ _____

_____ _____ _____ _____

_____ _____ _____ _____

DIRECTIONS:

_____

_____

_____

_____

_____

_____

_____

_____

NOTES:

_____

_____

_____

RECIPE NAME: _____

SOURCE: _____   COOK TIME: _____   SERVINGS: _____

INGREDIENTS:

_____   _____   _____   _____

_____   _____   _____   _____

_____   _____   _____   _____

_____   _____   _____   _____

DIRECTIONS:

_____

_____

_____

_____

_____

_____

_____

_____

NOTES:

_____

_____

_____

RECIPE NAME: _____

SOURCE: _____   COOK TIME: _____   SERVINGS: _____

INGREDIENTS:

_____   _____   _____   _____

_____   _____   _____   _____

_____   _____   _____   _____

_____   _____   _____   _____

DIRECTIONS:

_____

_____

_____

_____

_____

_____

_____

_____

NOTES:

_____

_____

_____

RECIPE NAME: _____

SOURCE: _____ COOK TIME: _____ SERVINGS: _____

INGREDIENTS:

_____ _____ _____ _____

_____ _____ _____ _____

_____ _____ _____ _____

_____ _____ _____ _____

DIRECTIONS:

_____

_____

_____

_____

_____

_____

_____

_____

_____

NOTES:

_____

_____

_____

RECIPE NAME: _____

SOURCE: _____ COOK TIME: _____ SERVINGS: _____

INGREDIENTS:

_____ _____ _____ _____

_____ _____ _____ _____

_____ _____ _____ _____

_____ _____ _____ _____

DIRECTIONS:

_____
_____
_____
_____
_____
_____
_____
_____
_____

NOTES:

_____
_____
_____

RECIPE NAME: _____

SOURCE: _____ COOK TIME: _____ SERVINGS: _____

INGREDIENTS:

_____ _____ _____ _____

_____ _____ _____ _____

_____ _____ _____ _____

_____ _____ _____ _____

DIRECTIONS:

_____

_____

_____

_____

_____

_____

_____

_____

_____

NOTES:

_____

_____

_____

RECIPE NAME: _____

SOURCE: _____   COOK TIME: _____   SERVINGS: _____

INGREDIENTS:

_____   _____   _____   _____

_____   _____   _____   _____

_____   _____   _____   _____

_____   _____   _____   _____

DIRECTIONS:

_____

_____

_____

_____

_____

_____

_____

_____

NOTES:

_____

_____

_____

RECIPE NAME: _____

SOURCE: _____ COOK TIME: _____ SERVINGS: _____

INGREDIENTS:

_____ _____ _____ _____

_____ _____ _____ _____

_____ _____ _____ _____

_____ _____ _____ _____

DIRECTIONS:

_____

_____

_____

_____

_____

_____

_____

_____

_____

NOTES:

_____

_____

_____

RECIPE NAME: _____

SOURCE: _____ COOK TIME: _____ SERVINGS: _____

INGREDIENTS:

_____ _____ _____ _____

_____ _____ _____ _____

_____ _____ _____ _____

_____ _____ _____ _____

DIRECTIONS:

_____

_____

_____

_____

_____

_____

_____

_____

_____

NOTES:

_____

_____

_____

RECIPE NAME: _____

SOURCE: _____ COOK TIME: _____ SERVINGS: _____

INGREDIENTS:

_____ _____ _____ _____

_____ _____ _____ _____

_____ _____ _____ _____

_____ _____ _____ _____

DIRECTIONS:

_____

_____

_____

_____

_____

_____

_____

_____

_____

NOTES:

_____

_____

_____

RECIPE NAME: _____

SOURCE: _____ COOK TIME: _____ SERVINGS: _____

INGREDIENTS:

_____ _____ _____ _____

_____ _____ _____ _____

_____ _____ _____ _____

_____ _____ _____ _____

DIRECTIONS:

_____

_____

_____

_____

_____

_____

_____

_____

NOTES:

_____

_____

_____

RECIPE NAME: _____

SOURCE: _____   COOK TIME: _____   SERVINGS: _____

INGREDIENTS:

_____   _____   _____   _____

_____   _____   _____   _____

_____   _____   _____   _____

_____   _____   _____   _____

DIRECTIONS:

_____

_____

_____

_____

_____

_____

_____

_____

NOTES:

_____

_____

_____

RECIPE NAME: _____

SOURCE: _____ **COOK TIME:** _____ **SERVINGS:** _____

INGREDIENTS:

_____ _____ _____ _____

_____ _____ _____ _____

_____ _____ _____ _____

_____ _____ _____ _____

DIRECTIONS:

_____

_____

_____

_____

_____

_____

_____

_____

NOTES:

_____

_____

_____

RECIPE NAME: _____

SOURCE: _____ COOK TIME: _____ SERVINGS: _____

INGREDIENTS:

_____ _____ _____ _____

_____ _____ _____ _____

_____ _____ _____ _____

_____ _____ _____ _____

DIRECTIONS:

_____

_____

_____

_____

_____

_____

_____

_____

_____

NOTES:

_____

_____

_____

RECIPE NAME: _____

SOURCE: _____ COOK TIME: _____ SERVINGS: _____

INGREDIENTS:

_____ _____ _____ _____

_____ _____ _____ _____

_____ _____ _____ _____

_____ _____ _____ _____

DIRECTIONS:

_____

_____

_____

_____

_____

_____

_____

_____

NOTES:

_____

_____

_____

RECIPE NAME: _____

SOURCE: _____ COOK TIME: _____ SERVINGS: _____

INGREDIENTS:

_____ _____ _____ _____

_____ _____ _____ _____

_____ _____ _____ _____

_____ _____ _____ _____

DIRECTIONS:

_____

_____

_____

_____

_____

_____

_____

_____

_____

NOTES:

_____

_____

_____

RECIPE NAME: _____

SOURCE: _____ COOK TIME: _____ SERVINGS: _____

INGREDIENTS:

_____ _____ _____ _____

_____ _____ _____ _____

_____ _____ _____ _____

_____ _____ _____ _____

DIRECTIONS:

_____

_____

_____

_____

_____

_____

_____

_____

NOTES:

_____

_____

_____

RECIPE NAME: _____

SOURCE: _____ COOK TIME: _____ SERVINGS: _____

INGREDIENTS:

_____ _____ _____ _____

_____ _____ _____ _____

_____ _____ _____ _____

_____ _____ _____ _____

DIRECTIONS:

_____

_____

_____

_____

_____

_____

_____

_____

NOTES:

_____

_____

_____

RECIPE NAME: _____

SOURCE: _____ COOK TIME: _____ SERVINGS: _____

INGREDIENTS:

_____ _____ _____ _____

_____ _____ _____ _____

_____ _____ _____ _____

_____ _____ _____ _____

DIRECTIONS:

_____

_____

_____

_____

_____

_____

_____

_____

_____

NOTES:

_____

_____

_____

RECIPE NAME: _____

SOURCE: _____   COOK TIME: _____   SERVINGS: _____

INGREDIENTS:

_____   _____   _____   _____

_____   _____   _____   _____

_____   _____   _____   _____

_____   _____   _____   _____

DIRECTIONS:

_____

_____

_____

_____

_____

_____

_____

_____

_____

NOTES:

_____

_____

_____

RECIPE NAME: _____

SOURCE: _____ COOK TIME: _____ SERVINGS: _____

INGREDIENTS:

_____ _____ _____ _____

_____ _____ _____ _____

_____ _____ _____ _____

_____ _____ _____ _____

DIRECTIONS:

_____

_____

_____

_____

_____

_____

_____

_____

NOTES:

_____

_____

_____

RECIPE NAME: _____

SOURCE: _____ COOK TIME: _____ SERVINGS: _____

INGREDIENTS:

_____ _____ _____ _____

_____ _____ _____ _____

_____ _____ _____ _____

_____ _____ _____ _____

DIRECTIONS:

_____

_____

_____

_____

_____

_____

_____

_____

_____

NOTES:

_____

_____

_____

RECIPE NAME: _____

SOURCE: _____ COOK TIME: _____ SERVINGS: _____

INGREDIENTS:

_____ _____ _____ _____

_____ _____ _____ _____

_____ _____ _____ _____

_____ _____ _____ _____

DIRECTIONS:

_____

_____

_____

_____

_____

_____

_____

_____

NOTES:

_____

_____

_____

RECIPE NAME: _____

SOURCE: _____ **COOK TIME:** _____ **SERVINGS:** _____

INGREDIENTS:

_____ _____ _____ _____

_____ _____ _____ _____

_____ _____ _____ _____

_____ _____ _____ _____

DIRECTIONS:

_____

_____

_____

_____

_____

_____

_____

_____

NOTES:

_____

_____

_____

RECIPE NAME: _____

SOURCE: _____ **COOK TIME:** _____ **SERVINGS:** _____

INGREDIENTS:

_____ _____ _____ _____

_____ _____ _____ _____

_____ _____ _____ _____

_____ _____ _____ _____

DIRECTIONS:

_____

_____

_____

_____

_____

_____

_____

_____

NOTES:

_____

_____

_____

RECIPE NAME: _____

SOURCE: _____ COOK TIME: _____ SERVINGS: _____

INGREDIENTS:

_____ _____ _____ _____

_____ _____ _____ _____

_____ _____ _____ _____

_____ _____ _____ _____

DIRECTIONS:

_____

_____

_____

_____

_____

_____

_____

_____

NOTES:

_____

_____

_____

RECIPE NAME: _____

SOURCE: _____ COOK TIME: _____ SERVINGS: _____

INGREDIENTS:

_____ _____ _____ _____

_____ _____ _____ _____

_____ _____ _____ _____

_____ _____ _____ _____

DIRECTIONS:

_____

_____

_____

_____

_____

_____

_____

_____

NOTES:

_____

_____

_____

RECIPE NAME: _____

SOURCE: _____   COOK TIME: _____   SERVINGS: _____

INGREDIENTS:

_____   _____   _____   _____

_____   _____   _____   _____

_____   _____   _____   _____

_____   _____   _____   _____

DIRECTIONS:

_____

_____

_____

_____

_____

_____

_____

_____

_____

NOTES:

_____

_____

_____

RECIPE NAME: _____

SOURCE: _____ **COOK TIME:** _____ **SERVINGS:** _____

INGREDIENTS:

_____ _____ _____ _____

_____ _____ _____ _____

_____ _____ _____ _____

_____ _____ _____ _____

DIRECTIONS:

_____

_____

_____

_____

_____

_____

_____

_____

_____

NOTES:

_____

_____

_____

RECIPE NAME: _____

SOURCE: _____ COOK TIME: _____ SERVINGS: _____

INGREDIENTS:

_____   _____   _____   _____

_____   _____   _____   _____

_____   _____   _____   _____

_____   _____   _____   _____

DIRECTIONS:

_____

_____

_____

_____

_____

_____

_____

_____

NOTES:

_____

_____

_____

RECIPE NAME: _____

SOURCE: _____ COOK TIME: _____ SERVINGS: _____

INGREDIENTS:

_____ _____ _____ _____

_____ _____ _____ _____

_____ _____ _____ _____

_____ _____ _____ _____

DIRECTIONS:

_____

_____

_____

_____

_____

_____

_____

_____

NOTES:

_____

_____

_____

RECIPE NAME: _____

SOURCE: _____ COOK TIME: _____ SERVINGS: _____

INGREDIENTS:

_____ _____ _____ _____

_____ _____ _____ _____

_____ _____ _____ _____

_____ _____ _____ _____

DIRECTIONS:

_____

_____

_____

_____

_____

_____

_____

_____

NOTES:

_____

_____

_____

RECIPE NAME: _____

SOURCE: _____ COOK TIME: _____ SERVINGS: _____

INGREDIENTS:

_____ _____ _____ _____

_____ _____ _____ _____

_____ _____ _____ _____

_____ _____ _____ _____

DIRECTIONS:

_____

_____

_____

_____

_____

_____

_____

_____

NOTES:

_____

_____

_____

RECIPE NAME: _____

SOURCE: _____ COOK TIME: _____ SERVINGS: _____

INGREDIENTS:

_____   _____   _____   _____

_____   _____   _____   _____

_____   _____   _____   _____

_____   _____   _____   _____

DIRECTIONS:

_____

_____

_____

_____

_____

_____

_____

_____

_____

NOTES:

_____

_____

_____

RECIPE NAME: _____

SOURCE: _____ COOK TIME: _____ SERVINGS: _____

INGREDIENTS:

_____ _____ _____ _____

_____ _____ _____ _____

_____ _____ _____ _____

_____ _____ _____ _____

DIRECTIONS:

_____

_____

_____

_____

_____

_____

_____

_____

_____

NOTES:

_____

_____

_____

RECIPE NAME: _____

SOURCE: _____ COOK TIME: _____ SERVINGS: _____

INGREDIENTS:

_____ _____ _____ _____

_____ _____ _____ _____

_____ _____ _____ _____

_____ _____ _____ _____

DIRECTIONS:

_____

_____

_____

_____

_____

_____

_____

_____

_____

NOTES:

_____

_____

_____

RECIPE NAME: _____

SOURCE: _____ **COOK TIME:** _____ **SERVINGS:** _____

INGREDIENTS:

_____ _____ _____ _____

_____ _____ _____ _____

_____ _____ _____ _____

_____ _____ _____ _____

DIRECTIONS:

_____

_____

_____

_____

_____

_____

_____

_____

NOTES:

_____

_____

_____

RECIPE NAME: _____

SOURCE: _____ **COOK TIME:** _____ **SERVINGS:** _____

INGREDIENTS:

_____ _____ _____ _____

_____ _____ _____ _____

_____ _____ _____ _____

_____ _____ _____ _____

DIRECTIONS:

_____

_____

_____

_____

_____

_____

_____

_____

NOTES:

_____

_____

_____

RECIPE NAME: _____

SOURCE: _____ COOK TIME: _____ SERVINGS: _____

INGREDIENTS:

_____ _____ _____ _____

_____ _____ _____ _____

_____ _____ _____ _____

_____ _____ _____ _____

DIRECTIONS:

_____

_____

_____

_____

_____

_____

_____

_____

NOTES:

_____

_____

_____

RECIPE NAME: _____

SOURCE: _____ COOK TIME: _____ SERVINGS: _____

INGREDIENTS:

_____ _____ _____ _____

_____ _____ _____ _____

_____ _____ _____ _____

_____ _____ _____ _____

DIRECTIONS:

_____

_____

_____

_____

_____

_____

_____

_____

NOTES:

_____

_____

_____

RECIPE NAME: _____

SOURCE: _____ COOK TIME: _____ SERVINGS: _____

INGREDIENTS:

_____ _____ _____ _____

_____ _____ _____ _____

_____ _____ _____ _____

_____ _____ _____ _____

DIRECTIONS:

_____

_____

_____

_____

_____

_____

_____

_____

NOTES:

_____

_____

_____

RECIPE NAME: _____

SOURCE: _____ COOK TIME: _____ SERVINGS: _____

INGREDIENTS:

_____	_____	_____	_____
_____	_____	_____	_____
_____	_____	_____	_____
_____	_____	_____	_____

DIRECTIONS:

_____

_____

_____

_____

_____

_____

_____

_____

_____

NOTES:

_____

_____

_____

RECIPE NAME: _____

SOURCE: _____ COOK TIME: _____ SERVINGS: _____

INGREDIENTS:

_____ _____ _____ _____

_____ _____ _____ _____

_____ _____ _____ _____

_____ _____ _____ _____

DIRECTIONS:

_____

_____

_____

_____

_____

_____

_____

_____

NOTES:

_____

_____

_____

RECIPE NAME: _____

SOURCE: _____   COOK TIME: _____   SERVINGS: _____

INGREDIENTS:

_____   _____   _____   _____

_____   _____   _____   _____

_____   _____   _____   _____

_____   _____   _____   _____

DIRECTIONS:

_____

_____

_____

_____

_____

_____

_____

_____

_____

NOTES:

_____

_____

_____

RECIPE NAME: _____

SOURCE: _____ COOK TIME: _____ SERVINGS: _____

INGREDIENTS:

_____ _____ _____ _____

_____ _____ _____ _____

_____ _____ _____ _____

_____ _____ _____ _____

DIRECTIONS:

_____

_____

_____

_____

_____

_____

_____

_____

NOTES:

_____

_____

_____

RECIPE NAME: _____

SOURCE: _____ COOK TIME: _____ SERVINGS: _____

INGREDIENTS:

_____   _____   _____   _____

_____   _____   _____   _____

_____   _____   _____   _____

_____   _____   _____   _____

DIRECTIONS:

_____

_____

_____

_____

_____

_____

_____

_____

NOTES:

_____

_____

_____

RECIPE NAME: _____

SOURCE: _____ **COOK TIME:** _____ **SERVINGS:** _____

INGREDIENTS:

_____ _____ _____ _____

_____ _____ _____ _____

_____ _____ _____ _____

_____ _____ _____ _____

DIRECTIONS:

_____

_____

_____

_____

_____

_____

_____

_____

NOTES:

_____

_____

_____

RECIPE NAME: _____

SOURCE: _____ COOK TIME: _____ SERVINGS: _____

INGREDIENTS:

_____ _____ _____ _____

_____ _____ _____ _____

_____ _____ _____ _____

_____ _____ _____ _____

DIRECTIONS:

_____

_____

_____

_____

_____

_____

_____

_____

NOTES:

_____

_____

_____

RECIPE NAME: _____

SOURCE: _____ **COOK TIME:** _____ **SERVINGS:** _____

INGREDIENTS:

_____ _____ _____ _____

_____ _____ _____ _____

_____ _____ _____ _____

_____ _____ _____ _____

DIRECTIONS:

_____

_____

_____

_____

_____

_____

_____

_____

_____

NOTES:

_____

_____

_____

RECIPE NAME: _____

SOURCE: _____ **COOK TIME:** _____ **SERVINGS:** _____

INGREDIENTS:

_____ _____ _____ _____

_____ _____ _____ _____

_____ _____ _____ _____

_____ _____ _____ _____

DIRECTIONS:

_____

_____

_____

_____

_____

_____

_____

_____

NOTES:

_____

_____

_____

RECIPE NAME: _____

SOURCE: _____ COOK TIME: _____ SERVINGS: _____

INGREDIENTS:

_____ _____ _____ _____

_____ _____ _____ _____

_____ _____ _____ _____

_____ _____ _____ _____

DIRECTIONS:

_____

_____

_____

_____

_____

_____

_____

_____

NOTES:

_____

_____

_____

RECIPE NAME: _____

SOURCE: _____ COOK TIME: _____ SERVINGS: _____

INGREDIENTS:

_____ _____ _____ _____

_____ _____ _____ _____

_____ _____ _____ _____

_____ _____ _____ _____

DIRECTIONS:

_____

_____

_____

_____

_____

_____

_____

_____

_____

NOTES:

_____

_____

_____

RECIPE NAME: _____

SOURCE: _____ COOK TIME: _____ SERVINGS: _____

INGREDIENTS:

_____ _____ _____ _____

_____ _____ _____ _____

_____ _____ _____ _____

_____ _____ _____ _____

DIRECTIONS:

_____

_____

_____

_____

_____

_____

_____

_____

NOTES:

_____

_____

_____

RECIPE NAME: _____

SOURCE: _____ COOK TIME: _____ SERVINGS: _____

INGREDIENTS:

_____ _____ _____ _____

_____ _____ _____ _____

_____ _____ _____ _____

_____ _____ _____ _____

DIRECTIONS:

_____

_____

_____

_____

_____

_____

_____

_____

_____

NOTES:

_____

_____

_____

RECIPE NAME: _____

SOURCE: _____   COOK TIME: _____   SERVINGS: _____

INGREDIENTS:

_____   _____   _____   _____

_____   _____   _____   _____

_____   _____   _____   _____

_____   _____   _____   _____

DIRECTIONS:

_____

_____

_____

_____

_____

_____

_____

_____

NOTES:

_____

_____

_____

RECIPE NAME: _____

SOURCE: _____   COOK TIME: _____   SERVINGS: _____

INGREDIENTS:

_____   _____   _____   _____

_____   _____   _____   _____

_____   _____   _____   _____

_____   _____   _____   _____

DIRECTIONS:

_____

_____

_____

_____

_____

_____

_____

_____

_____

NOTES:

_____

_____

_____

RECIPE NAME: _____

SOURCE: _____ COOK TIME: _____ SERVINGS: _____

INGREDIENTS:

_____   _____   _____   _____

_____   _____   _____   _____

_____   _____   _____   _____

_____   _____   _____   _____

DIRECTIONS:

_____

_____

_____

_____

_____

_____

_____

_____

NOTES:

_____

_____

_____

RECIPE NAME: _____

SOURCE: _____ **COOK TIME:** _____ **SERVINGS:** _____

INGREDIENTS:

_____ _____ _____ _____

_____ _____ _____ _____

_____ _____ _____ _____

_____ _____ _____ _____

DIRECTIONS:

_____

_____

_____

_____

_____

_____

_____

_____

_____

NOTES:

_____

_____

_____

RECIPE NAME: _____

SOURCE: _____   COOK TIME: _____   SERVINGS: _____

INGREDIENTS:

_____   _____   _____   _____

_____   _____   _____   _____

_____   _____   _____   _____

_____   _____   _____   _____

DIRECTIONS:

_____

_____

_____

_____

_____

_____

_____

_____

_____

NOTES:

_____

_____

_____

RECIPE NAME: _____

SOURCE: _____   COOK TIME: _____   SERVINGS: _____

INGREDIENTS:

_____   _____   _____   _____

_____   _____   _____   _____

_____   _____   _____   _____

_____   _____   _____   _____

DIRECTIONS:

_____

_____

_____

_____

_____

_____

_____

_____

NOTES:

_____

_____

_____

RECIPE NAME: _____

SOURCE: _____ COOK TIME: _____ SERVINGS: _____

INGREDIENTS:

_____ _____ _____ _____

_____ _____ _____ _____

_____ _____ _____ _____

_____ _____ _____ _____

DIRECTIONS:

_____

_____

_____

_____

_____

_____

_____

_____

NOTES:

_____

_____

_____

RECIPE NAME: _____

SOURCE: _____ **COOK TIME:** _____ **SERVINGS:** _____

INGREDIENTS:

_____ _____ _____ _____

_____ _____ _____ _____

_____ _____ _____ _____

_____ _____ _____ _____

DIRECTIONS:

_____

_____

_____

_____

_____

_____

_____

_____

NOTES:

_____

_____

_____

RECIPE NAME: _____

SOURCE: _____ COOK TIME: _____ SERVINGS: _____

INGREDIENTS:

_____ _____ _____ _____

_____ _____ _____ _____

_____ _____ _____ _____

_____ _____ _____ _____

DIRECTIONS:

_____

_____

_____

_____

_____

_____

_____

_____

NOTES:

_____

_____

_____

RECIPE NAME: _____

SOURCE: _____ COOK TIME: _____ SERVINGS: _____

INGREDIENTS:

_____ _____ _____ _____

_____ _____ _____ _____

_____ _____ _____ _____

_____ _____ _____ _____

DIRECTIONS:

_____

_____

_____

_____

_____

_____

_____

_____

NOTES:

_____

_____

_____

RECIPE NAME: _____

SOURCE: _____ **COOK TIME:** _____ **SERVINGS:** _____

INGREDIENTS:

_____ _____ _____ _____

_____ _____ _____ _____

_____ _____ _____ _____

_____ _____ _____ _____

DIRECTIONS:

_____

_____

_____

_____

_____

_____

_____

_____

NOTES:

_____

_____

_____

RECIPE NAME: _____

SOURCE: _____ COOK TIME: _____ SERVINGS: _____

INGREDIENTS:

_____ _____ _____ _____

_____ _____ _____ _____

_____ _____ _____ _____

_____ _____ _____ _____

DIRECTIONS:

_____

_____

_____

_____

_____

_____

_____

_____

NOTES:

_____

_____

_____

RECIPE NAME: _____

SOURCE: _____ COOK TIME: _____ SERVINGS: _____

INGREDIENTS:

_____ _____ _____ _____

_____ _____ _____ _____

_____ _____ _____ _____

_____ _____ _____ _____

DIRECTIONS:

_____

_____

_____

_____

_____

_____

_____

_____

_____

NOTES:

_____

_____

_____

RECIPE NAME: _____

SOURCE: _____ **COOK TIME:** _____ **SERVINGS:** _____

INGREDIENTS:

_____ _____ _____ _____

_____ _____ _____ _____

_____ _____ _____ _____

_____ _____ _____ _____

DIRECTIONS:

_____

_____

_____

_____

_____

_____

_____

_____

_____

NOTES:

_____

_____

_____

RECIPE NAME: _____

SOURCE: _____ COOK TIME: _____ SERVINGS: _____

INGREDIENTS:

_____   _____   _____   _____

_____   _____   _____   _____

_____   _____   _____   _____

_____   _____   _____   _____

DIRECTIONS:

_____

_____

_____

_____

_____

_____

_____

_____

NOTES:

_____

_____

_____

RECIPE NAME: _____

SOURCE: _____ COOK TIME: _____ SERVINGS: _____

INGREDIENTS:

_____ _____ _____ _____

_____ _____ _____ _____

_____ _____ _____ _____

_____ _____ _____ _____

DIRECTIONS:

_____

_____

_____

_____

_____

_____

_____

_____

_____

NOTES:

_____

_____

_____

RECIPE NAME: _____

SOURCE: _____ COOK TIME: _____ SERVINGS: _____

INGREDIENTS:

_____ _____ _____ _____

_____ _____ _____ _____

_____ _____ _____ _____

_____ _____ _____ _____

DIRECTIONS:

_____

_____

_____

_____

_____

_____

_____

_____

NOTES:

_____

_____

_____

RECIPE NAME: _____

SOURCE: _____ COOK TIME: _____ SERVINGS: _____

INGREDIENTS:

_____ _____ _____ _____

_____ _____ _____ _____

_____ _____ _____ _____

_____ _____ _____ _____

DIRECTIONS:

_____

_____

_____

_____

_____

_____

_____

_____

_____

NOTES:

_____

_____

_____

RECIPE NAME: _____

SOURCE: _____ COOK TIME: _____ SERVINGS: _____

INGREDIENTS:

_____ _____ _____ _____

_____ _____ _____ _____

_____ _____ _____ _____

_____ _____ _____ _____

DIRECTIONS:

_____

_____

_____

_____

_____

_____

_____

_____

_____

NOTES:

_____

_____

_____

RECIPE NAME: _____

SOURCE: _____ COOK TIME: _____ SERVINGS: _____

INGREDIENTS:

_____ _____ _____ _____

_____ _____ _____ _____

_____ _____ _____ _____

_____ _____ _____ _____

DIRECTIONS:

_____

_____

_____

_____

_____

_____

_____

_____

_____

NOTES:

_____

_____

_____

RECIPE NAME: _____

SOURCE: _____ COOK TIME: _____ SERVINGS: _____

INGREDIENTS:

_____ _____ _____ _____

_____ _____ _____ _____

_____ _____ _____ _____

_____ _____ _____ _____

DIRECTIONS:

_____

_____

_____

_____

_____

_____

_____

_____

NOTES:

_____

_____

_____

RECIPE NAME: _____

SOURCE: _____ COOK TIME: _____ SERVINGS: _____

INGREDIENTS:

_____   _____   _____   _____

_____   _____   _____   _____

_____   _____   _____   _____

_____   _____   _____   _____

DIRECTIONS:

_____

_____

_____

_____

_____

_____

_____

_____

_____

NOTES:

_____

_____

_____

RECIPE NAME: _____

SOURCE: _____ **COOK TIME:** _____ **SERVINGS:** _____

INGREDIENTS:

_____ _____ _____ _____

_____ _____ _____ _____

_____ _____ _____ _____

_____ _____ _____ _____

DIRECTIONS:

NOTES:

RECIPE NAME: _____

SOURCE: _____ COOK TIME: _____ SERVINGS: _____

INGREDIENTS:

_____ _____ _____ _____

_____ _____ _____ _____

_____ _____ _____ _____

_____ _____ _____ _____

DIRECTIONS:

_____

_____

_____

_____

_____

_____

_____

_____

_____

NOTES:

_____

_____

_____

RECIPE NAME: _____

SOURCE: _____ COOK TIME: _____ SERVINGS: _____

INGREDIENTS:

_____ _____ _____ _____

_____ _____ _____ _____

_____ _____ _____ _____

_____ _____ _____ _____

DIRECTIONS:

_____

_____

_____

_____

_____

_____

_____

_____

NOTES:

_____

_____

_____

RECIPE NAME: _____

SOURCE: _____ COOK TIME: _____ SERVINGS: _____

INGREDIENTS:

_____ _____ _____ _____

_____ _____ _____ _____

_____ _____ _____ _____

_____ _____ _____ _____

DIRECTIONS:

_____

_____

_____

_____

_____

_____

_____

_____

NOTES:

_____

_____

_____

RECIPE NAME: _____

SOURCE: _____ COOK TIME: _____ SERVINGS: _____

INGREDIENTS:

_____ _____ _____ _____

_____ _____ _____ _____

_____ _____ _____ _____

_____ _____ _____ _____

DIRECTIONS:

_____

_____

_____

_____

_____

_____

_____

_____

_____

NOTES:

_____

_____

_____

RECIPE NAME: _____

SOURCE: _____ COOK TIME: _____ SERVINGS: _____

INGREDIENTS:

_____ _____ _____ _____

_____ _____ _____ _____

_____ _____ _____ _____

_____ _____ _____ _____

DIRECTIONS:

_____

_____

_____

_____

_____

_____

_____

_____

_____

NOTES:

_____

_____

_____

RECIPE NAME: _____

SOURCE: _____ COOK TIME: _____ SERVINGS: _____

INGREDIENTS:

_____ _____ _____ _____

_____ _____ _____ _____

_____ _____ _____ _____

_____ _____ _____ _____

DIRECTIONS:

_____

_____

_____

_____

_____

_____

_____

_____

NOTES:

_____

_____

_____

RECIPE NAME: _____

SOURCE: _____ COOK TIME: _____ SERVINGS: _____

INGREDIENTS:

_____   _____   _____   _____

_____   _____   _____   _____

_____   _____   _____   _____

_____   _____   _____   _____

DIRECTIONS:

_____

_____

_____

_____

_____

_____

_____

_____

_____

NOTES:

_____

_____

_____

RECIPE NAME: _____

SOURCE: _____ COOK TIME: _____ SERVINGS: _____

INGREDIENTS:

_____   _____   _____   _____

_____   _____   _____   _____

_____   _____   _____   _____

_____   _____   _____   _____

DIRECTIONS:

_____

_____

_____

_____

_____

_____

_____

_____

NOTES:

_____

_____

_____

RECIPE NAME: _____

SOURCE: _____   COOK TIME: _____   SERVINGS: _____

INGREDIENTS:

_____   _____   _____   _____

_____   _____   _____   _____

_____   _____   _____   _____

_____   _____   _____   _____

DIRECTIONS:

_____

_____

_____

_____

_____

_____

_____

_____

_____

NOTES:

_____

_____

_____

RECIPE NAME: _____

SOURCE: _____ **COOK TIME:** _____ **SERVINGS:** _____

INGREDIENTS:

_____ _____ _____ _____

_____ _____ _____ _____

_____ _____ _____ _____

_____ _____ _____ _____

DIRECTIONS:

_____

_____

_____

_____

_____

_____

_____

_____

NOTES:

_____

_____

_____

RECIPE NAME: _____

SOURCE: _____ COOK TIME: _____ SERVINGS: _____

INGREDIENTS:

_____ _____ _____ _____

_____ _____ _____ _____

_____ _____ _____ _____

_____ _____ _____ _____

DIRECTIONS:

_____

_____

_____

_____

_____

_____

_____

_____

_____

_____

NOTES:

_____

_____

_____

RECIPE NAME: _____

SOURCE: _____ COOK TIME: _____ SERVINGS: _____

INGREDIENTS:

_____ _____ _____ _____

_____ _____ _____ _____

_____ _____ _____ _____

_____ _____ _____ _____

DIRECTIONS:

_____
_____
_____
_____
_____
_____
_____
_____

NOTES:

_____
_____
_____

RECIPE NAME: _____

SOURCE: _____ COOK TIME: _____ SERVINGS: _____

INGREDIENTS:

_____ _____ _____ _____

_____ _____ _____ _____

_____ _____ _____ _____

_____ _____ _____ _____

DIRECTIONS:

_____

_____

_____

_____

_____

_____

_____

_____

_____

NOTES:

_____

_____

_____

RECIPE NAME: _____

SOURCE: _____ COOK TIME: _____ SERVINGS: _____

INGREDIENTS:

_____ _____ _____ _____

_____ _____ _____ _____

_____ _____ _____ _____

_____ _____ _____ _____

DIRECTIONS:

_____

_____

_____

_____

_____

_____

_____

_____

NOTES:

_____

_____

_____

RECIPE NAME: _____

SOURCE: _____ COOK TIME: _____ SERVINGS: _____

INGREDIENTS:

_____ _____ _____ _____

_____ _____ _____ _____

_____ _____ _____ _____

_____ _____ _____ _____

DIRECTIONS:

_____

_____

_____

_____

_____

_____

_____

_____

_____

NOTES:

_____

_____

_____

RECIPE NAME: _____

SOURCE: _____ **COOK TIME:** _____ **SERVINGS:** _____

INGREDIENTS:

_____ _____ _____ _____

_____ _____ _____ _____

_____ _____ _____ _____

_____ _____ _____ _____

DIRECTIONS:

_____

_____

_____

_____

_____

_____

_____

_____

_____

NOTES:

_____

_____

_____

RECIPE NAME: _____

SOURCE: _____ COOK TIME: _____ SERVINGS: _____

INGREDIENTS:

_____ _____ _____ _____

_____ _____ _____ _____

_____ _____ _____ _____

_____ _____ _____ _____

DIRECTIONS:

_____

_____

_____

_____

_____

_____

_____

_____

_____

NOTES:

_____

_____

_____

RECIPE NAME: _____

SOURCE: _____ COOK TIME: _____ SERVINGS: _____

INGREDIENTS:

_____ _____ _____ _____

_____ _____ _____ _____

_____ _____ _____ _____

_____ _____ _____ _____

DIRECTIONS:

_____

_____

_____

_____

_____

_____

_____

_____

_____

NOTES:

_____

_____

_____

RECIPE NAME: _____

SOURCE: _____ COOK TIME: _____ SERVINGS: _____

INGREDIENTS:

_____   _____   _____   _____

_____   _____   _____   _____

_____   _____   _____   _____

_____   _____   _____   _____

DIRECTIONS:

_____

_____

_____

_____

_____

_____

_____

_____

_____

NOTES:

_____

_____

_____

RECIPE NAME: _____

SOURCE: _____ COOK TIME: _____ SERVINGS: _____

INGREDIENTS:

_____ _____ _____ _____

_____ _____ _____ _____

_____ _____ _____ _____

_____ _____ _____ _____

DIRECTIONS:

_____

_____

_____

_____

_____

_____

_____

_____

_____

NOTES:

_____

_____

_____

RECIPE NAME: _____

SOURCE: _____ COOK TIME: _____ SERVINGS: _____

INGREDIENTS:

_____ _____ _____ _____

_____ _____ _____ _____

_____ _____ _____ _____

_____ _____ _____ _____

DIRECTIONS:

_____

_____

_____

_____

_____

_____

_____

_____

_____

NOTES:

_____

_____

_____

RECIPE NAME: _____

SOURCE: _____ COOK TIME: _____ SERVINGS: _____

INGREDIENTS:

_____ _____ _____ _____

_____ _____ _____ _____

_____ _____ _____ _____

_____ _____ _____ _____

DIRECTIONS:

_____

_____

_____

_____

_____

_____

_____

_____

NOTES:

_____

_____

_____

RECIPE NAME: _____

SOURCE: _____   COOK TIME: _____   SERVINGS: _____

INGREDIENTS:

_____   _____   _____   _____

_____   _____   _____   _____

_____   _____   _____   _____

_____   _____   _____   _____

DIRECTIONS:

_____

_____

_____

_____

_____

_____

_____

_____

_____

NOTES:

_____

_____

_____

RECIPE NAME: _____

SOURCE: _____ COOK TIME: _____ SERVINGS: _____

INGREDIENTS:

_____ _____ _____ _____

_____ _____ _____ _____

_____ _____ _____ _____

_____ _____ _____ _____

DIRECTIONS:

_____

_____

_____

_____

_____

_____

_____

_____

NOTES:

_____

_____

_____

RECIPE NAME: _____

SOURCE: _____ COOK TIME: _____ SERVINGS: _____

INGREDIENTS:

_____ _____ _____ _____

_____ _____ _____ _____

_____ _____ _____ _____

_____ _____ _____ _____

DIRECTIONS:

_____

_____

_____

_____

_____

_____

_____

_____

_____

NOTES:

_____

_____

_____

RECIPE NAME: _____

SOURCE: _____ COOK TIME: _____ SERVINGS: _____

INGREDIENTS:

_____ _____ _____ _____

_____ _____ _____ _____

_____ _____ _____ _____

_____ _____ _____ _____

DIRECTIONS:

_____

_____

_____

_____

_____

_____

_____

_____

NOTES:

_____

_____

_____

RECIPE NAME: _____

SOURCE: _____   COOK TIME: _____   SERVINGS: _____

INGREDIENTS:

_____   _____   _____   _____

_____   _____   _____   _____

_____   _____   _____   _____

_____   _____   _____   _____

DIRECTIONS:

_____

_____

_____

_____

_____

_____

_____

_____

NOTES:

_____

_____

_____

RECIPE NAME: _____

SOURCE: _____ COOK TIME: _____ SERVINGS: _____

INGREDIENTS:

_____ _____ _____ _____

_____ _____ _____ _____

_____ _____ _____ _____

_____ _____ _____ _____

DIRECTIONS:

_____

_____

_____

_____

_____

_____

_____

_____

NOTES:

_____

_____

_____

RECIPE NAME: _____

SOURCE: _____ COOK TIME: _____ SERVINGS: _____

INGREDIENTS:

_____ _____ _____ _____

_____ _____ _____ _____

_____ _____ _____ _____

_____ _____ _____ _____

DIRECTIONS:

_____

_____

_____

_____

_____

_____

_____

_____

NOTES:

_____

_____

_____

RECIPE NAME: _____

SOURCE: _____ COOK TIME: _____ SERVINGS: _____

INGREDIENTS:

_____ _____ _____ _____

_____ _____ _____ _____

_____ _____ _____ _____

_____ _____ _____ _____

DIRECTIONS:

_____

_____

_____

_____

_____

_____

_____

_____

_____

NOTES:

_____

_____

_____

RECIPE NAME: _____

SOURCE: _____ COOK TIME: _____ SERVINGS: _____

INGREDIENTS:

_____   _____   _____   _____

_____   _____   _____   _____

_____   _____   _____   _____

_____   _____   _____   _____

DIRECTIONS:

_____

_____

_____

_____

_____

_____

_____

_____

_____

NOTES:

_____

_____

_____

RECIPE NAME: _____

SOURCE: _____ **COOK TIME:** _____ **SERVINGS:** _____

INGREDIENTS:

_____ _____ _____ _____

_____ _____ _____ _____

_____ _____ _____ _____

_____ _____ _____ _____

DIRECTIONS:

_____

_____

_____

_____

_____

_____

_____

_____

_____

NOTES:

_____

_____

_____

RECIPE NAME: _____

SOURCE: _____ **COOK TIME:** _____ **SERVINGS:** _____

INGREDIENTS:

_____ _____ _____ _____

_____ _____ _____ _____

_____ _____ _____ _____

_____ _____ _____ _____

DIRECTIONS:

_____

_____

_____

_____

_____

_____

_____

_____

NOTES:

_____

_____

_____

RECIPE NAME: _____

SOURCE: _____ **COOK TIME:** _____ **SERVINGS:** _____

INGREDIENTS:

_____ _____ _____ _____

_____ _____ _____ _____

_____ _____ _____ _____

_____ _____ _____ _____

DIRECTIONS:

_____

_____

_____

_____

_____

_____

_____

_____

NOTES:

_____

_____

_____

RECIPE NAME: _____

SOURCE: _____ COOK TIME: _____ SERVINGS: _____

INGREDIENTS:

_____   _____   _____   _____

_____   _____   _____   _____

_____   _____   _____   _____

_____   _____   _____   _____

DIRECTIONS:

_____

_____

_____

_____

_____

_____

_____

_____

NOTES:

_____

_____

_____

RECIPE NAME: _____

SOURCE: _____ COOK TIME: _____ SERVINGS: _____

INGREDIENTS:

_____ _____ _____ _____

_____ _____ _____ _____

_____ _____ _____ _____

_____ _____ _____ _____

DIRECTIONS:

_____

_____

_____

_____

_____

_____

_____

_____

NOTES:

_____

_____

_____

RECIPE NAME: _____

SOURCE: _____ COOK TIME: _____ SERVINGS: _____

INGREDIENTS:

_____   _____   _____   _____

_____   _____   _____   _____

_____   _____   _____   _____

_____   _____   _____   _____

DIRECTIONS:

_____

_____

_____

_____

_____

_____

_____

_____

NOTES:

_____

_____

_____

RECIPE NAME: _____

SOURCE: _____ COOK TIME: _____ SERVINGS: _____

INGREDIENTS:

_____   _____   _____   _____

_____   _____   _____   _____

_____   _____   _____   _____

_____   _____   _____   _____

DIRECTIONS:

_____

_____

_____

_____

_____

_____

_____

_____

NOTES:

_____

_____

_____

RECIPE NAME: _____

SOURCE: _____ COOK TIME: _____ SERVINGS: _____

INGREDIENTS:

_____ _____ _____ _____

_____ _____ _____ _____

_____ _____ _____ _____

_____ _____ _____ _____

DIRECTIONS:

_____

_____

_____

_____

_____

_____

_____

_____

NOTES:

_____

_____

_____

RECIPE NAME: _____

SOURCE: _____ COOK TIME: _____ SERVINGS: _____

INGREDIENTS:

_____   _____   _____   _____

_____   _____   _____   _____

_____   _____   _____   _____

_____   _____   _____   _____

DIRECTIONS:

_____

_____

_____

_____

_____

_____

_____

_____

_____

NOTES:

_____

_____

_____

RECIPE NAME: _____

SOURCE: _____   COOK TIME: _____   SERVINGS: _____

INGREDIENTS:

_____   _____   _____   _____

_____   _____   _____   _____

_____   _____   _____   _____

_____   _____   _____   _____

DIRECTIONS:

_____

_____

_____

_____

_____

_____

_____

_____

NOTES:

_____

_____

_____

RECIPE NAME: _____

SOURCE: _____ COOK TIME: _____ SERVINGS: _____

INGREDIENTS:

_____ _____ _____ _____

_____ _____ _____ _____

_____ _____ _____ _____

_____ _____ _____ _____

DIRECTIONS:

_____

_____

_____

_____

_____

_____

_____

_____

_____

NOTES:

_____

_____

_____

RECIPE NAME: _____

SOURCE: _____ COOK TIME: _____ SERVINGS: _____

INGREDIENTS:

_____ _____ _____ _____

_____ _____ _____ _____

_____ _____ _____ _____

_____ _____ _____ _____

DIRECTIONS:

_____

_____

_____

_____

_____

_____

_____

_____

_____

NOTES:

_____

_____

_____

RECIPE NAME: _____

SOURCE: _____ COOK TIME: _____ SERVINGS: _____

INGREDIENTS:

_____ _____ _____ _____

_____ _____ _____ _____

_____ _____ _____ _____

_____ _____ _____ _____

DIRECTIONS:

_____

_____

_____

_____

_____

_____

_____

_____

NOTES:

_____

_____

_____

RECIPE NAME: _____

SOURCE: _____ COOK TIME: _____ SERVINGS: _____

INGREDIENTS:

_____ _____ _____ _____

_____ _____ _____ _____

_____ _____ _____ _____

_____ _____ _____ _____

DIRECTIONS:

_____

_____

_____

_____

_____

_____

_____

_____

NOTES:

_____

_____

_____

RECIPE NAME: _____

SOURCE: _____ COOK TIME: _____ SERVINGS: _____

INGREDIENTS:

_____   _____   _____   _____

_____   _____   _____   _____

_____   _____   _____   _____

_____   _____   _____   _____

DIRECTIONS:

_____

_____

_____

_____

_____

_____

_____

_____

NOTES:

_____

_____

_____

RECIPE NAME: _____

SOURCE: _____ COOK TIME: _____ SERVINGS: _____

INGREDIENTS:

_____   _____   _____   _____

_____   _____   _____   _____

_____   _____   _____   _____

_____   _____   _____   _____

DIRECTIONS:

_____

_____

_____

_____

_____

_____

_____

_____

NOTES:

_____

_____

_____

RECIPE NAME: _____

SOURCE: _____ **COOK TIME:** _____ **SERVINGS:** _____

INGREDIENTS:

_____ _____ _____ _____

_____ _____ _____ _____

_____ _____ _____ _____

_____ _____ _____ _____

DIRECTIONS:

_____

_____

_____

_____

_____

_____

_____

_____

NOTES:

_____

_____

_____

RECIPE NAME: _____

SOURCE: _____ COOK TIME: _____ SERVINGS: _____

INGREDIENTS:

_____ _____ _____ _____

_____ _____ _____ _____

_____ _____ _____ _____

_____ _____ _____ _____

DIRECTIONS:

_____

_____

_____

_____

_____

_____

_____

_____

_____

NOTES:

_____

_____

_____

RECIPE NAME: _____

SOURCE: _____ COOK TIME: _____ SERVINGS: _____

INGREDIENTS:

_____ _____ _____ _____

_____ _____ _____ _____

_____ _____ _____ _____

_____ _____ _____ _____

DIRECTIONS:

_____

_____

_____

_____

_____

_____

_____

_____

NOTES:

_____

_____

_____

RECIPE NAME: _____

SOURCE: _____ COOK TIME: _____ SERVINGS: _____

INGREDIENTS:

_____ _____ _____ _____

_____ _____ _____ _____

_____ _____ _____ _____

_____ _____ _____ _____

DIRECTIONS:

_____

_____

_____

_____

_____

_____

_____

_____

NOTES:

_____

_____

_____

RECIPE NAME: _____

SOURCE: _____   COOK TIME: _____   SERVINGS: _____

INGREDIENTS:

_____   _____   _____   _____

_____   _____   _____   _____

_____   _____   _____   _____

_____   _____   _____   _____

DIRECTIONS:

_____

_____

_____

_____

_____

_____

_____

_____

NOTES:

_____

_____

_____

RECIPE NAME: _____

SOURCE: _____ COOK TIME: _____ SERVINGS: _____

INGREDIENTS:

_____ _____ _____ _____

_____ _____ _____ _____

_____ _____ _____ _____

_____ _____ _____ _____

DIRECTIONS:

_____

_____

_____

_____

_____

_____

_____

_____

NOTES:

_____

_____

_____

RECIPE NAME: _____

SOURCE: _____   COOK TIME: _____   SERVINGS: _____

INGREDIENTS:

_____   _____   _____   _____

_____   _____   _____   _____

_____   _____   _____   _____

_____   _____   _____   _____

DIRECTIONS:

_____

_____

_____

_____

_____

_____

_____

_____

NOTES:

_____

_____

_____

RECIPE NAME: _____

SOURCE: _____   COOK TIME: _____   SERVINGS: _____

INGREDIENTS:

_____   _____   _____   _____

_____   _____   _____   _____

_____   _____   _____   _____

_____   _____   _____   _____

DIRECTIONS:

_____

_____

_____

_____

_____

_____

_____

_____

_____

NOTES:

_____

_____

_____

RECIPE NAME: _____

SOURCE: _____ **COOK TIME:** _____ **SERVINGS:** _____

INGREDIENTS:

_____ _____ _____ _____

_____ _____ _____ _____

_____ _____ _____ _____

_____ _____ _____ _____

DIRECTIONS:

_____

_____

_____

_____

_____

_____

_____

_____

_____

NOTES:

_____

_____

_____

RECIPE NAME: _____

SOURCE: _____ **COOK TIME:** _____ **SERVINGS:** _____

INGREDIENTS:

_____   _____   _____   _____

_____   _____   _____   _____

_____   _____   _____   _____

_____   _____   _____   _____

DIRECTIONS:

_____

_____

_____

_____

_____

_____

_____

_____

_____

NOTES:

_____

_____

_____

RECIPE NAME: _____

SOURCE: _____ **COOK TIME:** _____ **SERVINGS:** _____

INGREDIENTS:

_____ _____ _____ _____

_____ _____ _____ _____

_____ _____ _____ _____

_____ _____ _____ _____

DIRECTIONS:

_____

_____

_____

_____

_____

_____

_____

_____

NOTES:

_____

_____

_____

RECIPE NAME: _____

SOURCE: _____ **COOK TIME:** _____ **SERVINGS:** _____

INGREDIENTS:

_____ _____ _____ _____

_____ _____ _____ _____

_____ _____ _____ _____

_____ _____ _____ _____

DIRECTIONS:

_____

_____

_____

_____

_____

_____

_____

_____

_____

NOTES:

_____

_____

_____

RECIPE NAME: _____

SOURCE: _____ COOK TIME: _____ SERVINGS: _____

INGREDIENTS:

_____ _____ _____ _____

_____ _____ _____ _____

_____ _____ _____ _____

_____ _____ _____ _____

DIRECTIONS:

_____

_____

_____

_____

_____

_____

_____

_____

_____

NOTES:

_____

_____

_____

RECIPE NAME: _____

SOURCE: _____ COOK TIME: _____ SERVINGS: _____

INGREDIENTS:

_____ _____ _____ _____

_____ _____ _____ _____

_____ _____ _____ _____

_____ _____ _____ _____

DIRECTIONS:

_____

_____

_____

_____

_____

_____

_____

_____

NOTES:

_____

_____

_____

RECIPE NAME: _____

SOURCE: _____ COOK TIME: _____ SERVINGS: _____

INGREDIENTS:

_____ _____ _____ _____

_____ _____ _____ _____

_____ _____ _____ _____

_____ _____ _____ _____

DIRECTIONS:

_____

_____

_____

_____

_____

_____

_____

_____

NOTES:

_____

_____

_____

RECIPE NAME: _____

SOURCE: _____   COOK TIME: _____   SERVINGS: _____

INGREDIENTS:

_____   _____   _____   _____

_____   _____   _____   _____

_____   _____   _____   _____

_____   _____   _____   _____

DIRECTIONS:

_____

_____

_____

_____

_____

_____

_____

_____

_____

NOTES:

_____

_____

_____

RECIPE NAME: _____

SOURCE: _____ **COOK TIME:** _____ **SERVINGS:** _____

INGREDIENTS:

_____ _____ _____ _____

_____ _____ _____ _____

_____ _____ _____ _____

_____ _____ _____ _____

DIRECTIONS:

_____

_____

_____

_____

_____

_____

_____

_____

_____

NOTES:

_____

_____

_____

RECIPE NAME: _____

SOURCE: _____   COOK TIME: _____   SERVINGS: _____

INGREDIENTS:

_____   _____   _____   _____

_____   _____   _____   _____

_____   _____   _____   _____

_____   _____   _____   _____

DIRECTIONS:

_____

_____

_____

_____

_____

_____

_____

_____

_____

NOTES:

_____

_____

_____

RECIPE NAME: _____

SOURCE: _____ **COOK TIME:** _____ **SERVINGS:** _____

INGREDIENTS:

_____ _____ _____ _____

_____ _____ _____ _____

_____ _____ _____ _____

_____ _____ _____ _____

DIRECTIONS:

_____

_____

_____

_____

_____

_____

_____

_____

NOTES:

_____

_____

_____

RECIPE NAME: _____

SOURCE: _____ COOK TIME: _____ SERVINGS: _____

INGREDIENTS:

_____   _____   _____   _____

_____   _____   _____   _____

_____   _____   _____   _____

_____   _____   _____   _____

DIRECTIONS:

_____

_____

_____

_____

_____

_____

_____

_____

_____

NOTES:

_____

_____

_____

RECIPE NAME: _____

SOURCE: _____   COOK TIME: _____   SERVINGS: _____

INGREDIENTS:

_____   _____   _____   _____

_____   _____   _____   _____

_____   _____   _____   _____

_____   _____   _____   _____

DIRECTIONS:

_____

_____

_____

_____

_____

_____

_____

_____

_____

NOTES:

_____

_____

_____

RECIPE NAME: _____

SOURCE: _____ COOK TIME: _____ SERVINGS: _____

INGREDIENTS:

_____   _____   _____   _____

_____   _____   _____   _____

_____   _____   _____   _____

_____   _____   _____   _____

DIRECTIONS:

_____

_____

_____

_____

_____

_____

_____

_____

NOTES:

_____

_____

_____

RECIPE NAME: _____

SOURCE: _____ COOK TIME: _____ SERVINGS: _____

INGREDIENTS:

_____ _____ _____ _____

_____ _____ _____ _____

_____ _____ _____ _____

_____ _____ _____ _____

DIRECTIONS:

_____

_____

_____

_____

_____

_____

_____

_____

NOTES:

_____

_____

_____

RECIPE NAME: _____

SOURCE: _____ **COOK TIME:** _____ **SERVINGS:** _____

INGREDIENTS:

_____ _____ _____ _____

_____ _____ _____ _____

_____ _____ _____ _____

_____ _____ _____ _____

DIRECTIONS:

_____

_____

_____

_____

_____

_____

_____

_____

NOTES:

_____

_____

_____

RECIPE NAME: _____

SOURCE: _____ **COOK TIME:** _____ **SERVINGS:** _____

INGREDIENTS:

_____   _____   _____   _____

_____   _____   _____   _____

_____   _____   _____   _____

_____   _____   _____   _____

DIRECTIONS:

_____

_____

_____

_____

_____

_____

_____

_____

_____

NOTES:

_____

_____

_____

RECIPE NAME: _____

SOURCE: _____ COOK TIME: _____ SERVINGS: _____

INGREDIENTS:

_____ _____ _____ _____

_____ _____ _____ _____

_____ _____ _____ _____

_____ _____ _____ _____

DIRECTIONS:

_____

_____

_____

_____

_____

_____

_____

_____

NOTES:

_____

_____

_____

RECIPE NAME: _____

SOURCE: _____ **COOK TIME:** _____ **SERVINGS:** _____

INGREDIENTS:

_____ _____ _____ _____

_____ _____ _____ _____

_____ _____ _____ _____

_____ _____ _____ _____

DIRECTIONS:

_____

_____

_____

_____

_____

_____

_____

_____

_____

NOTES:

_____

_____

_____

SPECIAL EVENT MEAL PLANNER PAGE 1

EVENT NAME: _____   DATE: _____

APPETIZERS

_____
_____
_____
_____
_____
_____
_____

ENTREES

_____
_____
_____
_____
_____
_____
_____

SIDE DISHES

_____
_____
_____
_____
_____
_____
_____

DRESSING & SAUCES

_____
_____
_____
_____
_____
_____
_____

DESSERTS

_____
_____
_____
_____
_____
_____
_____

DRINKS

_____
_____
_____
_____
_____
_____
_____

SPECIAL EVENT TO-DO LIST PAGE 2

MAKE AHEAD	DAY BEFORE	NIGHT BEFORE

SPECIAL EVENT DAY OF LIST PAGE 3

TIME	TASKS	NOTES

CONVERSION CHART FOR FLOUR

METRIC	CUPS	OUNCE
15 GRAMS	2 TBSP	.563 OUNCE
32 GRAMS	¼ CUP	1.13 OUNCE
43 GRAMS	⅓ CUP	1.5 OUNCES
64 GRAMS	½ CUP	2.25 OUNCES
85 GRAMS	⅔ CUP	3 OUNCES
96 GRAMS	¾ CUP	3.38 OUNCES
128 GRAMS	1 CUP	4.5 OUNCES

CONVERSION CHART FOR LIQUIDS

METRIC	CUPS	FLUID OUNCE
15 ML	1 TBSP	½ FL. OZ
30 ML	2 TBSP	1 FL. OZ
60 ML	¼ CUP	2 FL. OZ
125 ML	½ CUP	4 FL. OZ
180 ML	¾ CUP	6 FL. OZ
250 ML	1 CUP	8 FL. OZ
500 ML	2 CUPS	16 FL. OZ
1,000 ML	4 CUPS	1 QUART

HOW TO ALTER A RECIPE

RECIPE USES	TO HALVE IT	TO DOUBLE IT
¾ CUP	6 TBSP	1 ½ CUPS
⅔ CUP	⅓ CUP	1 ⅓ CUPS
½ CUP	¼ CUP	1 CUP
⅓ CUP	2 TSP + 2 TBSP	⅔ CUP
¼ CUP	2 TBSP	½ CUP
1 TBSP	1 ½ TSP	2 TBSP
1 TSP	½ TSP	2 TSP
½ TSP	¼ TSP	1 TSP
¼ TSP	⅛ TSP	½ TSP

BAKING SUBSTITUTIONS

1 TSP BAKING POWDER	½ TSP CREAM OF TARTAR + ¼ TSP BAKING SODA
1 TSP BAKING SODA	3 TSP BAKING POWDER
1 CUP BUTTER	7/8 CUP COCONUT OIL OR 1 CUP PALM SHORTENING OR ½ CUP APPLESAUCE
1 CUP BUTTERMILK	1 TBSP LEMON JUICE + 1 CUP MILK
1 TBSP CORNSTARCH	1 TBSP ARROWROOT FLOUR OR CASSAVA FLOUR
1 TSP CREAM OF TARTAR	2 TSP VINEGAR OR 2 TSP LEMON JUICE
1 CUP SUGAR	1 CUP COCONUT SUGAR OR MAPLE SUGAR OR ¾ CUP HONEY OR MAPLE SYRUP
SOUR CREAM	PLAIN GREEK YOGURT
1 CUP CORN SYRUP	1 CUP HONEY
MAYONNAISE	GREEK YOGURT OR SOUR CREAM OR MASHED AVOCADO
HONEY	MOLASSES OR MAPLE SYRUP
BREAD CRUMBS	GROUND NUTS OR ALMOND FLOUR
1 TSP LEMON JUICE	1 TSP LIME JUICE OR ¼ TSP APPLE CIDER VINEGAR
FLOUR	CASSAVA FLOUR OR ALMOND FLOUR
1 EGG	1 TBSP CHIA SEEDS + 2 ½ TBSP WATER OR 1 TBSP FLAX SEEDS MIXED WITH 2 ½ TBSP WATER OR ½ A BANANA OR ¼ CUP CANNED PUMPKIN OR ¼ CUP CANNED SQUASH OR 2 TBSP POTATO STARCH

OTHER BOOKS BY ASHLEY AND MARCUS

1. Mama Bear Kusi's Weekly Meal Planner: A 52-Week Menu Planner with Grocery List for Planning Your Meals.

2. Questions for Couples: 469 Thought-Provoking Conversation Starters for Connecting, Building Trust, and Rekindling Intimacy

3. Communication in Marriage: How to Communicate with Your Spouse Without Fighting

4. Emotional and Sexual Intimacy in Marriage: How to Connect or Reconnect with Your Spouse, Grow Together, and Strengthen Your Marriage

5. First Year of Marriage: The Newlywed's Guide to Building a Strong Foundation and Adjusting to Married Life.

6. My Tandem Nursing Journey: Breastfeeding Through Pregnancy, Labor, Nursing Aversion and Beyond.

www.ingramcontent.com/pod-product-compliance
Lightning Source LLC
Chambersburg PA
CBHW060420010526
44118CB00017B/2295